BEI GRIN MACHT SICH IHR WISSEN BEZAHLT

- Wir veröffentlichen Ihre Hausarbeit, Bachelor- und Masterarbeit

- Ihr eigenes eBook und Buch - weltweit in allen wichtigen Shops

- Verdienen Sie an jedem Verkauf

Jetzt bei www.GRIN.com hochladen und kostenlos publizieren

Bibliografische Information der Deutschen Nationalbibliothek:

Die Deutsche Bibliothek verzeichnet diese Publikation in der Deutschen Nationalbibliografie; detaillierte bibliografische Daten sind im Internet über http://dnb.d-nb.de/ abrufbar.

Dieses Werk sowie alle darin enthaltenen einzelnen Beiträge und Abbildungen sind urheberrechtlich geschützt. Jede Verwertung, die nicht ausdrücklich vom Urheberrechtsschutz zugelassen ist, bedarf der vorherigen Zustimmung des Verlages. Das gilt insbesondere für Vervielfältigungen, Bearbeitungen, Übersetzungen, Mikroverfilmungen, Auswertungen durch Datenbanken und für die Einspeicherung und Verarbeitung in elektronische Systeme. Alle Rechte, auch die des auszugsweisen Nachdrucks, der fotomechanischen Wiedergabe (einschließlich Mikrokopie) sowie der Auswertung durch Datenbanken oder ähnliche Einrichtungen, vorbehalten.

Impressum:

Copyright © 2016 GRIN Verlag, Open Publishing GmbH
Druck und Bindung: Books on Demand GmbH, Norderstedt Germany
ISBN: 978-3-668-19738-1

Dieses Buch bei GRIN:

http://www.grin.com/de/e-book/319281/l-attentat-die-attentaeterin-von-yasmina-khadra-kapitelzusammenfassung

Patrik Stöckmann

"L'attentat" ("Die Attentäterin") von Yasmina Khadra. Kapitelzusammenfassung in deutscher und französischer Sprache

GRIN Verlag

GRIN - Your knowledge has value

Der GRIN Verlag publiziert seit 1998 wissenschaftliche Arbeiten von Studenten, Hochschullehrern und anderen Akademikern als eBook und gedrucktes Buch. Die Verlagswebsite www.grin.com ist die ideale Plattform zur Veröffentlichung von Hausarbeiten, Abschlussarbeiten, wissenschaftlichen Aufsätzen, Dissertationen und Fachbüchern.

Besuchen Sie uns im Internet:

http://www.grin.com/

http://www.facebook.com/grincom

http://www.twitter.com/grin_com

K.	Zusammenfassung (Französisch)	Übersetzung (Deutsch)
0	Le narrateur à la première personne décrit en détails une déflagration et beaucoup de blessés comme soi-meme et ses blessures. Il ajoute qu'un enfant crie pour sa mère et le nom „Amine" est évoqué.	Ein Ich-Erzähler beschreibt sehr detailliert eine Explosion und viele Verletzte, sowie sich selbst und seine Verletzungen. Dazu erwähnt der Erzähler ein Kind, dass nach seiner Mutter schreit und der Name „Amine" wird erwähnt.
1	Le lecteur fait connaissance avec Amine. Le seul docteur, qui est arabe à l'hôpital. Son chef est Ezra Benhaim. Souvent les autres ne peuvent pas le souffrir, parce que les autres sont des juifs. Mais dans ce cas Ezra luis aide. Ezra vient pour demander Amine s'il vient au club ce soir. Amine dit non, parce que sa femme rentre le soir. Ezra n'est pas content, parce qu'il serait prêt pour battre Amine aux jeux. Amines femme Sihem devrait déjà été rentrée mais Amine ne le joint pas au téléphone. Il parle à la cantine avec Kim Yehuda, une collègue qu'il sait depuis l'université. Ilan Ros les rejoint à la cantine. Tout à coup ils entendent une explosion en ville. Ils observent la situation de l'hôpital et devinent de quoi il s'agit. Ezra vient et dit que c'était un attentat d'un kamikaze et qu'il y a plusieurs morts et beaucoup de blessés. Ils doivent prendre place et se préparer pour leur travail. Beaucoup de blessés rentrent de temps à temps et Amine les vois tout. Il est choqué mais il n'a pas le temps pour penser de ça, il doit agir. Il n'a même pas le temps pour s'occuper de tous ses patients, seulement des patients plus affectés. Ce sont environ cent blessés. Il s'occupe des blessés, mais ce n'est pas facile chez quelques patientes, parce qu'ils ne se comportent pas calme.	Der Leser lernt Amine kennen. Er ist der einzige arabische Doktor im Spital. Sein Chef (Direktor) ist Ezra Benhaim. Oft können die anderen ihn nicht leiden, denn die anderen sind Juden. Aber in solchen Fällen hilft Ezra ihm. Ezra kommt um Amine zu fragen, ob er am Abend in den Club käme. Amine verneint, weil seine Frau am Abend heimkommt. Ezra versteht das nicht, weil er heute bereit wäre um Amine in den Spielen zu schlagen. Amine's Frau Sihem sollte schon heimgekommen sein, aber Amine erreicht sie nicht auf dem Telefon. Er spricht in der Kantine mit Kim Yehuda, einer Ärztekollegin, die er seit der Uni kennt. Ilan Ros kommt zu ihnen in die Kantine. Plötzlich hören sie eine Explosion aus der Stadt. Sie beobachten das Geschehen vom Spital aus und raten, was passiert sein könnte. Ezra kommt und sagt, dass es ein Attentat eines Selbstmordattentäters war und dass es mehrere Tote sowie viele Verletzte gibt. Sie müssen sich auf den Posten begeben und sich bereit machen für ihre Arbeit. Viele Verletzt kommen mit der Zeit herein und Amine sieht sie alle. Er ist schockiert, aber er hat keine Zeit an das zu denken, er muss handeln. Er hat nicht einmal die Zeit sich um alle seine Patienten zu kümmern, sondern nur um die schlimmeren Fälle. Es sind etwa 100 Verletzte. Er kümmert sich um die Verletzen obwohl es bei manchen Patienten nicht einfach ist, da sie sich nicht ruhig verhalten.
2	Amine sorte après beaucoup d'opérations à 22.00 heure du bloc. Les parents des victimes demandent comment les patients aillent. Il ne sait pas beaucoup car il est déjà très fatigué. Il	„Amine" geht nach viele Operationen um 22 Uhr aus dem Saal. Verwandte der Opfer fragen ihn wie es den Patienten geht. Er weiss nicht mehr viel, er ist sehr müde. Er blickt auf den Tag

K.	Zusammenfassung (Französisch)	Übersetzung (Deutsch)
	fait repasser le jour et remarque que Kim n'est plus là. Personne sait où elle se trouve bien que sa voiture est toujours au parking. Rentrant à la maison avec la voiture Amine voit le lieu d'attentat à la ville et rencontre plusieurs postes de la police, qui lui stoppent et ne veulent pas le laisser passer, parce qu'il est Arabe jusqu'au point qu'il explique qu'il est docteur et qu'il explique les choses communs. À 23.00 il rentre à la maison et il regarde le portrait de Sihem au mur et il en pense et pense à leurs expériences. Puis il se couche. Pas beaucoup plus tard le téléphone sonne à 03.20. Un policier connu « Naveed Ronnen » est au téléphone et il veut absolument lui avoir en hôpital parce qu'il lui faut d'urgence. Après une discussion courte Amine est d'accord malgré son fatigue. Il dit encore qu'il faut informer les postes de police pour qu'il ne soit pas stoppé encore une fois. Quand il arrive à l'hôpital il voit Naveed de loin. Il demande si le patient était mort. Il n'y a pas un patient dit Naveed et il explique l'histoire avec l'aide de ses collègues et ils le demandent si Sihem est à la maison. Puis ils disent qu'ils croisent d'avoir trouvé Sihems corps. Ils ont besoin de la confirmation d'Amine si c'est juste. À la route vers la chambre, où Sihem se trouve, il ne connaît plus les murs de l'hôpital, il a complètement perdu le fil. À la chambre les gens qui aident enlèvent le drap des pièces du corps mort d'un corps mort et Amine change en choque quand il voit Sihem comme un corps en pièces à cette regarde abominable. Ses jambes ne le portent plus et il tombe.	zurück und merkt bald, dass Kim nicht mehr da ist. Niemand weiss wo sie ist, obwohl ihr Auto noch im Parkhaus steht. Auf dem Rückweg nach Hause sieht er den Ort des Attentats in der Stadt und trifft auf mehrere Polizeiposten, die ihn anhalten und zum Teil aufgrund seiner Nationalität verdächtigen und ihn zuerst nicht durchlassen wollen bis er sagt, dass er Arzt ist und alles erklärt. Um 23.00 Uhr kommt er zu Hause an und blickt in das Porträt seiner Frau und denkt an sie und ihre gemeinsamen Erlebnisse. Dann geht er ins Bett. Nicht viel später holt ihn das Telefon aus dem Bett, um 03.20 Uhr. Ein bekannter Polizist „Naveed Ronnen" ist am Telefon und will ihn unbedingt im Spital haben, er brauche ihn dringend. Nach kurzer Diskussion gibt sich „Amine" einverstanden trotz seiner grossen Müdigkeit. Er sagt noch, dass er die Polizeiposten informieren soll, damit er nicht angehalten wird. Als er im Spital ankommt sieht er Naveed von weitem. Er fragt, ob der Patient tot ist. Es habe keinen Patienten sagt Naveed und er gemeinsam mit anderen erklären ihm die Geschichte und fragen nach Sihem und ob sie zu Hause ist. Dann sagen sie, dass sie glauben Sihems Leiche gefunden zu haben. Sie brauchen Bestätigung von Amine. Auf dem Weg zum Zimmer, in dem Sihem ist, kennt er die eigenen vier Wände nicht mehr. Er ist völlig aus dem Konzept. Im Zimmer nehmen die Gehilfen das Tuch von den Stücken eines leblosen Körpers und „Amine" fällt in Schockstarre als er Sihem in scheusslichem Anblick als zerstückelte Leiche sieht. Seine Beine halten ihn nicht mehr und er fällt um.
3	Amine décrit ses sentiments. Le premier qui lui embrasse est Ezra. Puis le capitaine Moshé vient, qui est le plus haut fonctionnaire que Naveed, qui lui accompagne. Le capitaine dit, qu'il faut faire une perquisition chez Amine. Il ne le comprend pas. La raison est que Sihem	Amine beschreibt seine Gefühle. Der Erste, der ihn umarmt und fest drückt ist Ezra. Dann kommt der Kapitän Moshé, der höher steht als Naveed, der ihn begleitet. Der Kapitän teilt mit, dass sie bei Amine eine Hausuntersuchung machen müssen. Er versteht das nicht. Moshé be-

K.	Zusammenfassung (Französisch)	Übersetzung (Deutsch)
	a des blessures caractéristiques pour le kamikaze soi-même dit le capitaine. Il ne s'agit pas d'une bombe mais d'un vrai attentat avec un kamikaze. Amine ne reconnait plus le monde. Il doit accompagner les policières à sa maison. Il pense beaucoup des mots du policier. Sa femme serait un kamikaze. Impossible. Arrivée à la maison le capitaine dit deux choses inhabiles sans savoir que Amine écoute à tout ce qu'il dit. Les deux discutent longtemps pendant les autres policiers font la perquisition. Amine essaye d'expliquer que ça ne serait pas possible que sa femme était le kamikaze et qu'ils ont la trace fausse. Moshé demande beaucoup de questions, qui font que Amine va au bout de soi-même. Il dit qu'il veut pleurer avant qu'il demandent des questions pareilles. Et ils doivent partir. Le comble c'était qu'ils emportent des formulaires qui ont le certificat médicales. Amine ne comprend plus le monde.	gründet es damit, dass Sihem sehr charakteristische Verletzungen von der Selbstmordattentäterin selbst hat. Es handle sich nicht um eine Bombe, sondern ein Selbstmordattentat. Amine erkennt die Welt um sich nicht wieder. Er muss schliesslich mitgehen um die Polizisten zu seinem Haus zu führen. Amine macht sich viele Gedanken über die Worte des Polizisten. Seine Frau sei eine Selbstmordattentäterin. Unmöglich. Im Haus angekommen macht der Kapitän zwei ungeschickte Aussage, da er sich nicht bewusst ist, dass Amine alles mitkriegt und nicht mehr unter Schock steht. Die beide diskutieren sehr lange miteinander während die anderen Polizisten das Haus durchsuchen. Amine probiert zu erklären, dass diese Verdächtigung eine falsche Spur sei und dass das nicht möglich sei. Moshé stellt ihm dabei viele Fragen, die Amine an seine Grenzen bringen. Er sagt dazu mehrmals, dass er zuerst trauern wolle, bevor sie mit solch dummen Fragen kommen und sie sollen weggehen sagt er. Der Gipfel ist zum Schluss noch, dass sie Akten mitnehmen, die unter Ärztegeheimnis stehen und Amine verbietet ihnen diese mitzunehmen. Er versteht die Welt nicht mehr.
4	Capitaine Moshé ne lui laisse pas en silence, il continue à demander des questions. Amine ne voit pas le bout du tunnel. Il n'a même pas le force pour aller soi-même aux toilettes. Puis Moshé raconte, que le chauffeur du bus a vu Sihem comme elle est rentrée en bus, mai elle est sortie d'une urgence apparemment après environ 20 minutes. Ça ne suffit pas pour Amine comme preuve. Le capitaine continue et dit, que Hanane Sheddad et son neveu confirment, qu'elle n'est pas arrivée comme planifié chez eux. Amine continue à argumenter, que sa femme et lui n'ont pas de secrets et qu'il est à la trace fausse. On a un témoin (seulement légèrement blessé) qui a reconnu une femme enceinte sur une image. Mais elle	Kapitän Moshé hält Amine schon 24 Stunden wach und er hört nicht auf zu fragen. Amine sieht das Ende des Tunnels nicht. Er hat nicht einmal mehr Kraft selbst auf die Toilette zu gehen. Dann erzählt Moshé, dass der Buschauffeur Sihem gesehen hat in seinen Bus einsteigen, sie ist aber nach kurzer Zeit wegen scheinbarem „Notfall" wieder ausgestiegen. Das reicht Amine nicht als Beweis. Der Kapitän redet weiter und sagt, dass Hanane Sheddad und ihr Neffe bestätigen, dass sie nicht wie geplant bei ihnen war. Amine argumentiert weiter, dass seine Frau und er keine Geheimnisse haben und dass er auf der falschen Spur sei. Man habe einen Zeugen (nur leicht verletzt), der eine schwangere Frau auf einem Bild wiedererkannt hat. Doch sie war

K.	Zusammenfassung (Französisch)	Übersetzung (Deutsch)
	n'était pas enceinte, Sihem, mais plus tôt camouflée avec les charges explosives. Moshé demande soi-même comment une femme avec un caractère pareille peut faire des choses comme ça. C'est ça qu'il lui faut savoir. Amine veut partir et enfin le flic lui laisse partir et il est emmené à la maison à la journée clair et ensoleillé. Il rencontre Naveed et lui demande quoi il pense de toute la situation. Il voit soi-même aussi seulement une possibilité et c'est celle que Sihem est le kamikaze et il dit qu'Amine doit porter les dépends pour la reconstruction du corps de sa ancienne femme, parce que ça c'est normal pour les kamikazes, qu'on ne paie pas leur reconstruction. Perdu dans ses pensées Amine marche dans quelque direction et il sait soi-même non plus quoi se passe avec lui.	nicht schwanger, Sihem, sondern eher schwanger getarnt mit explosiven Ladungen. Moshé fragt sich selbst wie eine solche Frau mit solchem Charakter etwas solches tun kann. Das ist es, was er wissen muss. Amine will gehen und schliesslich lässt der Bulle ihn dann gehen und er wird nach Hause gebracht am helllichten, sonnigen Tag. Er trifft Naveed und fragt ihn ob er das Ganze für möglich halte. Auch er sieht nur eine Möglichkeit, nämlich dass Sihem der Kamikaze ist und sagt, er müsse die Kosten übernehmen für die Wiederherrichtung der Leiche Sihem's, da dies für Kamikaze so gilt. In Gedanken versunken geht Amine in irgendeine Richtung und weiss nicht mehr genau was ihm geschieht.
5	Moshé's compagnons ont attaché des affiches avec phrases à la jardin d'Amine. Partout désordre dans ses chambres. Sans respecte ils ont fait la perquisition. Il prend un bain et tout à coup Kim est à la porte du chambre. Elle s'occupe de lui, lui met au lit et fait du thé. Elle lui demande des choses et puis part pour l'hôpital. Amine dort jusque-là qu'un gazouillement le réveille. Il remarque des vandales dans son jardin et il court là. Ils l'insultent avec „sale arabe" et choses pareilles. Ils lui assomment sans pitié. Plus tard Kim le trouve dans le jardin. Elle le rend chez une maison d'assistance et puis elle va avec lui dans son loft, où elle partage sa vie avec Boris. Elle lui nourrit là une semaine et il peut récupérer ses forces. Ensuite il remplit un formulaire pour la reconstruction de sa femme. Il va à la cimetière, seul, pour lui voir. Quand il rentre en loft, il voit Ezra, Benjamin et Naveed qui discutent de la situations des palestiniens et les attentats. Ils se demandent quand le prochain attentat serait exercé. Kim lui remarque et elle la prie de rester sans être remarqué.	Moshés Begleiter haben Plakate mit Sprüchen in den Garten Amine's gehängt. Überall Unordnung in seinen Zimmern. Ohne Respekt wurde die Hausdurchsuchung getätigt. Er nimmt ein Bad und plötzlich steht Kim in der Tür. Sie kümmert sich um ihn, legt ihn ins Bett und macht ihm Tee. Sie fragt ihn einige Dinge, muss dann aber gehen und Amine schläft bis ihn ein Gezwitscher weckt. Er bemerkt Vandalen in seinem Garten, er rennt runter. Dort wird er von ihnen beschimpft mit „Dreckiger Araber" und ähnlichem. Sie schlagen ihn gnadenlos zusammen. Später findet Kim ihn im Garten liegend und bringt ihn zu einer Versorgungsstätte und geht dann mit ihm in ihre Loft, wo sie mit Boris ihr Leben teilt. Dort versorgt sie ihn eine Woche und er erholt sich. Er füllt dann ein Formular aus für die Wiederherrichtung aus und geht dann auf den Friedhof, alleine, um seine Frau begraben zu sehen. Als er in die Loft zurückkehrt sind Ezra, Benjamin und Naveed am diskutieren über die Situation mit den Palästinensern und den vielen Anschlägen. Sie fragen sich, wann

K.	Zusammenfassung (Französisch)	Übersetzung (Deutsch)
		das nächste Attentat ausgeübt wird. Kim bemerkt ihn und er bittet sie ihn unbemerkt bleiben zu lassen.
6	Amine est de retour dans son quartier et pense. Dans sa boite aux lettres il y a quelques lettres. Une est spéciale parce qu'il est de Bethlehem. La lettre est de Sihem et elle écrit là que le bonheur n'est pour rien s'il n'est pas partagé. Sa joie s'éteigne toujours quand ils ne la suivent pas. Elle s'adresse à Amine. Celui est choqué et la lettre s'échappe. Il ne comprend plus comment ça peut être. Il se demande à l'intérieur: « Que me sors-tu là, Sihem, mon amour? » Tout ce qu'il voulait là, c'est de fermer les yeux et penser à rien. Puis Kim entre et lui demande ce qui se passe. Il commence à raconter et elle comprend déjà après quelques mots de quoi il s'agit et l'embrasse et lui il commence à pleurer. Elle reste toute la nuit chez lui et l'emporte la prochaine journée chez son grand-père. Lui il demande pourquoi Amine n'a pas emmené sa femme. Toute la nuit Amine a essayé de comprendre comment Sihem pourrait faire cet attentat. Comment pourrait-il ne pas le remarquer? C'était l'amour parfaite. Le trio parle beaucoup ensemble et regardent en même temps sur la mer. Ils parlent des juifs et de l'histoire. À la fin le grand-père dit quelque chose avec une voix tremblante.	„Amine" ist zurück in seinem Quartier und macht sich Gedanken. In seinem Briefkasten findet er dann einige Briefe. Einer davon fällt besonders auf, er ist aus Bethlehem. Der Brief ist von Sihem, sie schreibt darin, dass Glück zu nichts dient wenn es nicht geteilt wird. Ihre Freude erlösche immer wenn er ihrer nicht folgte. Sie richtet den Brief an Amine. Dieser ist erschrocken und der Brief fällt ihm aus der Hand. Er versteht nicht mehr wie das sein kann. Er stellt sich innerlich die Frage: „Was offenbarst du mir hier, Sihem, mein Schatz?" Alles was er will ist die Augen schliessen und nichts denken. Dann kommt Kim und fragt ihn was los sei. Er beginnt zu erzählen und sie versteht schon was er sagen will und nimmt ihn in die Arme und er beginnt zu heulen. Sie bleibt über Nacht bei ihm und nimmt ihn am nächsten Tag zu ihrem Grossvater mit. Dieser fragt ihn nach Sihem, warum er sie nicht mitgenommen habe. Die ganze Nacht hat er versucht zu verstehen, wie Sihem zu etwas solchem kommen kann. Wie konnte er das nicht merken? Es war die perfekte Liebe. Die drei sprechen viel miteinander und schauen aufs Meer hinaus. Sie sprechen von Juden und der Geschichte. Zum Schluss sagt der Grossvater noch etwas mit zittriger Stimme.
7	Ilan Ros a réussi à dresser le personal soignant contre Amine, car il est Arabe et il est et reste un ennemi potentiel. Kim vient et lui prend de ses pensées. Elle lui demande de son poignet et lui rend chez une radiographie. Le poignet est fort traumatisé mais pas cassé. Amine rencontre Naveed et ils ont une discussion en conflit sur la situation de l'instant. Cette conflit se calme quand ils se vont au restaurant „Chez Zion" et ils restent là jusqu'à la nuit	Ilan Ros hat es geschafft viele Pflegende gegen mich zu hetzen, da ich Araber bin und ich bin und bleibe der potentielle Feind. Kim kommt vorbei und holt ihn aus den Gedanken. Sie fragt ihn nach seinem Handgelenk, wie es ginge und bringt ihn zum Röntgen. Es ist stark geprellt, aber nicht gebrochen. Amine trifft Naveed und sie haben ein Streitgespräch über die momentane Situation. Das beruhigt sich wieder sobald Kim und die beiden im Restaurant Chez Zion sind und dort bis spät nachts bleiben, da sie in

K.	Zusammenfassung (Französisch)	Übersetzung (Deutsch)
	tarde, parce qu'ils se descendent dans une discussion intéressante. Ils ne se réconcilient pas seulement, ils deviennent plus des amis. La discussion s'agit de Sihem, car Amine veut savoir comment les recherchent vont et il dit qu'il sait maintenant que Sihem est le kamikaze. Naveed ne savait pas beaucoup de plus. En continuant Amine se demande comment c'est possible qu'on se fait exploser autour des enfants. Naveed parle de ses expériences avec des gens pareils et il dit que si on se monte dans une situation pareille, ça peut demander seulement un petit pas pour un grand explosion parce qu'on a un autre vue de la situation. Amine n'évoque pas la lettre. Pourquoi il ne sait pas il dit à Kim quand elle lui prend à son loft où ils s'endorment.	ein tiefes Gespräch versinken, sich dabei nicht nur versöhnen, sondern stärker zusammenwachsen. Im Gespräch geht es um Sihem, denn Amine möchte wissen wie es steht um die Untersuchungen und er sagt, dass er wisse, dass Sihem die Attentäterin war. Vielmehr hatte Naveed auch nicht herausgefunden. Es geht weiter darum, wie man im Stande sein kann, ein solches Attentat zu verüben. Naveed erzählt seine Erfahrungen und sagt, dass wenn man sich da hineinsteigert, so kann es passieren, dass man nur noch diesen kleinen Schritt zum grossen Trauma für viele macht, da man die Welt aus anderen Augen sieht. Amine erwähnt den Brief nicht im Gespräch. Warum weiss er nicht, sagt er zu Kim als sie ihn in ihre Loft nach Hause nimmt, wo die beiden schlafen.
8	Amine pense de l'hôpital et de son passé, de la décision qu'il a fait en enfance et qu'il a décidé d'être celui qu'il est, Arabe. Le meilleur voeu de son père était toujours qu'il devient un médecin. Ce voeu il lui a animé et de ça les deux étaient toujours gai. Son père lui a dit un jour: „Il n'y a rien de mieux que toi, mais toi tu n'es quand même rien de mieux que les autres." Ezra est venu pour demander comme il allait et ils sont allé pour manger au restaurant ensemble. De retour chez Kim, il dit, qu'il doit aller à Bethlehem, parce qu'il a l'obligation de découvrir qui a changé les pensées de Sihem. Kim trouve que c'est une mauvaise idée et le souvient que ce sont des terroristes qui se cachent derrière ça. Elle lui demande de ce qu'il veut faire avec ceux qui ont changé Sihem. Il dit qu'il va rester têtu. Il dit qu'il a un part de cette responsabilité, qu'il ne veut et peut pas laisser passer. Elle essaie de lui stopper avec tout les moyens, donc il lui jure qu'il va être attentif mais qu'il ne va pas stopper son plan. Il lui remercie pour tout ce qu'elle a déjà fait pour lui.	Amine denkt über das Spital und seine Vergangenheit nach, darüber, dass er sich entschieden hat so zu sein wie er ist, Araber. Seines Vater grösster Wunsch war, dass er Arzt wird. Diesen Wunsch hat er ihm erfüllt und darüber waren die beiden immer glücklich. Sein Vater hat ihm gesagt: „Es gibt nichts Besseres als dich, aber du bist auch nichts Besseres als die anderen." Ezra kam um nach ihm zu fragen und sie gingen zusammen essen. Zurück bei Kim, sagt er, er müsse nach Bethlehem, er müsse herausfinden, wer Sihem ihr Denken gewandelt hat. Kim findet das keine gute Idee und macht ihn darauf aufmerksam, dass Terroristen dahinter stecken. Sie fragt ihn was er dann wolle, ob er die Verursacher schlagen wolle. Er sagt, dass er stur ist und bleibt. Er sagt, er hat einen Teil der Verantwortung auf sich, den er nicht einfach an sich vorbei gehen lassen wollte und sollte. Sie probiert mit allen Mitteln davon abzuhalten, aber er verspricht ihr, dass er aufpasst, aber er werde das durchziehen. Er dankt ihr für alles was sie für ihn getan hat.

K.	Zusammenfassung (Französisch)	Übersetzung (Deutsch)
9	Kim a décidée d'accompagner Amine à Bethlehem et elle trouve une solution pour se délibérer du travail pour une semaine. À Bethlehem il vont dans la maison du frère de Kim, Benjamin. Puis Amine veut partir de là et il va téléphoner s'il a un problème car elle ne veut pas le laisser partir. Amine va chez Leila. Elle est rejoué de lui voir. Il demande de la situation de Sihem, elle commence à raconter, mais puis elle prend la main devant la bouche et dit, si elle dit plus que ça elle serait puni. Yasser ne viendra pas avant le soir, ses filles sont partis et marié et ses fils volent leur propres ailes. Donc Amine veut aller chez Yasser et cherche un conducteur. Quelqu'un l'emmène, mais quand il vient de savoir qu'il ne croit pas vraiment, Amine, il lui fait sortir, donc il doit marcher le reste du route ou il doit faire stopper les voitures. Yasser exagère quand il fait le bienvenue d'Amine. Amine remarque que quelque chose n'est pas ok. Quand il parle de Sihem, Yasser se rend très tremblante et la discussion a un fin vite avec la raison que Yasser ne comprend plus rien et Amine lui dit de se taire s'il n'a rien de raconter proprement. Il semble que Yasser pourrait être un part de l'attentat.	Kim hat entschieden, Amine nach Bethlehem zu begleiten und sie findet bei Ezra eine Ausrede um eine Woche frei zu nehmen. In Bethlehem gehen sie in das Haus des Bruders von Kim. Von dort möchte Amine losgehen, er sagt, er rufe an wenn er ein Problem habe, denn sie will ihn nicht alleine gehen lassen. Amine geht zu Leila. Diese ist erfreut ihn zu sehen. Er fragt sie nach dem Vorfall von Sihem, sie beginnt zu erzählen, nimmt dann die Hand vor den Mund und sagt, wenn sie mehr sage, dass Yasser ihn bestrafen würde. Yasser käme nicht vor Abend zurück, seine Töchter sind schon verheiratet und ihre Söhne fliegen ihre eigenen Flügel. So will Amine zu Yasser gehen und sucht sich einen Fahrer. Jemand nimmt ihn dann mit, der dann herausfindet, dass er nicht glaubt, so muss er den Rest der Strecke laufen und Autos stoppen. Yasser empfängt ihn scheinheilig übertrieben. Amine merkt, dass etwas nicht stimmt. Als er ihn auf Sihem anspricht gibt er sich sehr unsicher und das Gespräch endet damit, dass Yasser behauptet er käme nicht mehr nach nach einigen Fragen von Amine. So sagt Amine gereizt, er solle also schweigen. Es scheint als wäre Yasser zu verdächtigen für ein Mitwirken am Attentat.
10	Amine pense de la discussion avec Yasser et se met en route en direction de la maison de Leila. Sur la route Yasser raconte de son fils et lui montre un mercedes ancien du couleur crème. (Une trace suspecte pour Amine car le chauffeur du Bus a vu Sihem entrer dans cette voiture.) Arrivée à la maison Amine continue à demander des questions sans pause pour qu'il reçoit plus d'informations sur Sihem et l'attentat. Issam, Yasser's petit-fils, vient pour répondre aux questions. Le seul, qu'il dit, c'est que Sihem est venue seule pour écrire la lettre et qu'il a vu un homme au coin de la maison quand Sihem est partie. Amine et Issam ne disent pas beaucoup de plus. Amine va	Amine macht sich Gedanken über das Gespräch mit Yasser und macht sich mit ihm dann auf den Weg zu Leilas Haus. Auf dem Weg erzählt Yasser von seinem Sohn Adel und zeigt ihm einen Mercedes älteren Modells in beiger Farbe. (Verdächtige Spur für Amine, da laut Busfahrer Sihem in genau dieses Auto gestiegen war.) Im Hause angekommen stellt Amine weiterhin ununterbrochen fragen, die ihm helfen könnten der Sache auf den Grund zu kommen. Issam, Yassers Enkel, kommt auch noch um ihm Fragen zu beantworten. Das Einzige, was er sagt, ist, dass Sihem alleine gekommen wäre um den Brief zu schreiben und dass er, als Sihem ging, einen Mann in der Ecke vor dem Haus gesehen

K.	Zusammenfassung (Französisch)	Übersetzung (Deutsch)
	au mosquée et demande pour l'imam pendant qu'il est bienvenue très gentille. Puis il ne peut quand-même pas aller chez l'imam et les prières ne le laissent pas entrer quand il revient. Il lui rejettent quand il rentre la troisième fois pour voir l'imam.	hatte. Die beiden sagen nicht viel mehr. So geht Amine in die Moschee und fragt nach dem Imam, wobei er herzlich begrüsst wird, aber dann doch nicht zum Imam kann und die Priester ihn später nicht reinlassen und ihn sogar wegschicken, obwohl er dreimal versucht wieder hineinzugehen, um den Imam zu sehen.
11	Amine rentre tard et Kim est choqué. Le matin il sort tôt le matin et va à la mosquée. Là il rencontre l'imam seul, mais lui il dit qu'il faut partir, parce qu'il n'est pas voulu. Quand il revient encore une fois il est battu par quelques prières jusqu'au moment Kim vient et lui soigne. Amine est rendu dans une maison, ou „le chef de guerre" ou bien le „Kamikaze-Producteur" parle lui et Amine demande toujours de Sihem et il veut savoir tout. La discussion prend son fin avec qu'Amine doit partir sans informations reçus et sans avoir fait des bons amis.	Amine kommt spät nach Hause und Kim ist erschrocken. Am Morgen früh geht er gleich wieder zur Moschee. Dort trifft er auf den Imam alleine, dieser sagt aber er müsse gehen, er sei nicht erwünscht. Als er nochmals dort ist wird er von einigen Priestern verprügelt bis Kim zu Hilfe kommt und ihn pflegt. Amine wird in ein Haus geführt, wo der Kriegschef bzw. „Attentäter-Produzent" mit ihm spricht, wobei er immer wieder sagt, dass er alles über Sihem wissen müsse. Das Gespräch endet darin, dass Amine gehen muss ohne viele weitere Informationen erhalten zu haben und keine guten Freunde gemacht hat.
12	Amine regrette sa décision de ne pas avoir laissé la lettre pour les flics. Il décide de rentrer à Tel-Aviv et Kim lui conduit vite là-bas pour qu'il ne peut pas changer sa décision. Il veut rester seul pour quelques jours et il le dit à Kim, qui est déjà au chagrin. À la maison il discute avec un homme qui peut organiser la réparation de la maison. Le lendemain des gens viennent qui lui fixent les fenêtres et des autres choses. Un jour seule il se souvient exactement de la discussion avec Sihem le jour avant elle est partie. „Je n'aime pas de te laisser seul." Ce sont seulement trois jours, a dit Amine. „Pour moi c'est l'éternité." Il pense de Sihem et regarde des photos d'elle et Adel, de qu'il se fait aussi ses pensées. Une fois Naveed lui téléphone pour demander s'il allait bien et pour lui inviter à manger. Quand Amine pense des mots derniers du conducteur du bus et toute la chose avec le mercedes et	Amine bereut die Entscheidung, den Brief nicht den Bullen überlassen zu haben. Er entscheidet sich nach Tel-Aviv zurückzukehren und Kim fährt ihn schnell dorthin, damit er keine Zeit hat es sich anders zu überlegen. Er möchte einige Tage alleine bei sich sein, sagt er zu Kim, die schon wieder besorgt ist. Zuhause bespricht er mit einem Mann wie er sein Haus reparieren könnte. Am nächsten Tag kommen Leute, die die Fenster und sonstige Dinge reparieren im Hause. Einmal alleine, kann er sich wieder genau erinnern, was Sihem gesagt hatte am Tag bevor sie ging. „Ich möchte dich nicht alleine lassen." Es sind doch nur drei Tage, antwortet Amine. „Für mich ist es eine Ewigkeit". Er macht sich Gedanken von Sihem und schaut Fotos an von ihr und von Adel, über den sich Amine ebenfalls Gedanken macht. Einmal ruft Naveed an, um zu fragen wie es ihm geht und er möchte ihn einladen. Als Amine sich nochmals

K.	Zusammenfassung (Französisch)	Übersetzung (Deutsch)
	Adel. Quand il pouvait combiné ces choses il est parti sans hésiter chez sa grand-mère et son neveu Abbas. Elle est à l'hôpital avec une hémorragie cérébrale. Il va directement là, ou Abbas se trouve pareillement à la salle d'attente. Après l'information que l'opération sera terminé dans quelques minutes. Amine reste là et se fait de nouveau des pensées sur toute la situation.	über die Worte vom Buschauffeur Gedanken machte und das Ganze mit dem Mercedes und Adel zusammenbrachte, fuhr er sofort los nach Kafr Kanna zur Grossmutter und seinem Neffen Abbas. Sie ist im Spital mit einer Hirnblutung. Er geht sofort hin, dort ist auch Abbas im Wartezimmer. Dieser geht dann als er Bescheid bekommt, dass die Operation bald fertig ist. Amine bleibt im Wartezimmer und macht sich erneut viele Gedanken über das gesamte Geschehen.
13	Amine se réveille dans un hôtel, réveillé par le chef d'hôtel. Il est très confus, mais il se souvient qu'il est rentré le soir précédente et il a pris le premier hôtel de la ville qu'il a trouvé. Il sorte de l'hôtel, c'est environ 3 heures la nuit et téléphone Yasser et lui demande sans grâce en ton menaçant ou Adel se trouve. Il dit enfin qu'il est à Janin. Au restaurant: Quand la serveuse dit qu'il n'y a plus de foie, Amine ne peut plus se contrôler parce qu'il veut de la foie et dit qu'il l'exige toute de suite. Donc il est rendu sorti et la police lui prend. À la station de police Naveed vient et lui demande comment il vaut. Il est libéré de nouveau et il dit à Naveed qu'il veut rester seul et veut aller à Janin (un lieu plein de mines) et veut être à l'autre côté, à Palestine. Il disparait en noir. Naveed ne peut pas comprendre ce qu'Amine fait, est confus et il veut prévenir Amine que Janin est un lieu très dangereux.	Amine erwacht in einem Hotel, geweckt durch den Hotelchef. Er ist komplett verwirrt, erinnert sich aber daran, dass er am letzten Abend heimgekommen sei und das erste Hotel genommen hat, das er gefunden hatte. Er geht aus dem Hotel, es ist etwa 3 Uhr nachts, und ruft Yasser an und fragt ihn erbarmungslos, in drohendem Ton wo Adel sei. Er sagt es schliesslich und sagt er sei in Janin. Er geht noch in ein Restaurant und will dort Leber bestellen. Als die Servierdame sagt es gäbe keine mehr, so tickt er aus und sagt, er möchte es sofort. So wird er hinausgeschafft und die Polizei holt ihn. Auf der Polizeistation kommt Naveed und fragt nach ihm. Er wird wieder freigelassen und sagt Naveed wieder in gereiztem Ton, dass er alleine sein möchte, nach Janin (ein mit Minen besäter Ort) gehen möchte und auf der anderen Seite (Palästina) sein möchte. Er verschwindet ins Dunkle. Naveed kann das alles nicht mehr nachvollziehen, ist verwirrt und will ihn noch warnen, denn Janin ist ein sehr gefährlicher Ort.
14	Amine va à Janin ou il devrait être dirigé chez Khalil par Jamil sur des routes très dangereux. Sur la route il voit des explosions et le croix rouge qui sauve quelques personnes du quartier. Il ne trouvent ni Adel ni Khalil. Donc Amine va à une auberge et lui attend. Un garçon lui prend deux jours plus tard de là chez son grand-oncle Omr (le patriarche; Amine ne	Amine geht nach Janin, wo er von Jamil über sehr gefährliche Wege zu Khalil geführt werden soll. Auf dem Weg sehen sie einige Explosionen und das rote Kreuz, das einige Leute aus diesem Quartier rettet. Sie finden Adel und Khalil aber nicht vor Ort, so dass Amine in ein Hotel geht und auf ihn wartet. Ein Junge holt ihn 2 Tage später und bringt ihn zu seinem Grossonkel Omr

K.	Zusammenfassung (Französisch)	Übersetzung (Deutsch)
	sait rien de lui et qu'il est celui qu'il est), mais pas chez Khalil et pas chez Adel. Le patriarche n'est pas vraiment ravi de sa visite et il est furieux de lui et lui raconte, qu'ils sont les gens qui ont changé le cerveau de Sihem et que Khalil et Adel ont parti parce qu'ils ont su de son arrivée. Amine est rendu dans un coffre d'une voiture.	(dem Patriarchen; Amine weiss nicht wer es ist!), weder zu Khalil noch zu Adel. Dieser ist nicht begeistert von seinem Besuch und ist böse mit ihm und erzählt ihm, dass sie diejenigen seien, die seiner Frau das Unglück eingeredet haben und dass Khalil und Adel von seinem Kommen wussten, also so gegangen sind. Amine wird in einen Kofferraum eines Autos gesteckt.
15	Amine est battu et vient d'être bouclé. De là il est apporté chez le lieu des exécutions. 2 fois. Mais toujours le Walky-Talky sonne donc il lui apporte de retour dans le „prison". Il reste 7 jours au prison. Puis un homme vient qui lui donne des nouveaux vêtements et qui lui libère. Il dit que Adel attend à la porte. L'homme veut qu'Amine comprendrais pourquoi ils ont saisi les armes. Il y avait beaucoup de soldats jeunes qui ne voulaient pas être en guerre mais il n'auraient pas de décision. Amine est complètement perplexe de cette situation mais puis il va quand même dehors et rencontre Adel. Il lui raconte l'histoire de Sihem. La raison principale pour l'attentat c'était que Sihem a donné sa vie pour sa foi et elle a aidé Adel pour organiser d'argent et puis elle a exercé cet attentat. Amines sentiments furieux reviennent avec cette discussion de longtemps. Puis Adel lui dit que son grand-oncle lui attend à Janin. Sans hésiter il se met en route avec l'assistance du petit-fils (Wissem) de Omr. Amine retourne vite pour un bain à l'hôtel mais puis il va avec Wissem là. Il pense à la fin qu'il a en fait attendu son but de savoir le sens de toute l'histoire.	Amine wird geschlagen und in einen Kerker gesteckt. Von dort wird der zum Ort der Exekutionen geführt. 2 Mal. Aber immer wieder klingelt ein Walky-Talky, so dass sie ihn zurückstecken in den Kerker und er dort 7 Tage bleibt. Dann kommt ein Mann, der ihn freilässt, ihm neue Kleider gibt und ihm sagt, dass Adel draussen warte. Dieser Mann will Amine zu verstehen wissen, warum sie zu den Waffen gegriffen haben. Es gebe viele junge Kämpfer, die es hassen hier zu sein, aber ihr Wunsch zur Freiheit wird ihnen verwehrt. Amine ist völlig perplex von dieser Situation, dann geht er dennoch raus und trifft dort Adel… Er erzählt ihm die Geschichte mit Sihem. Der Hauptgrund für das Attentat ging von Sihem aus, denn sie war bereit für ihren Glauben zu sterben und sie half Adel und seinen Leuten zu Geld, dann verübte sie dieses Attentat um für ihren Glauben einzustehen. Amines Wutgefühle kamen während diesem längeren Gespräch wieder sehr stark auf. Dann sagt Adel ihm, dass sein Grossonkel ihn erwarte in Janin. Sofort macht er sich auf den Weg, begleitet vom Enkel (Wissem) des Grossonkels Omr. Amine geht noch kurz für ein Bad ins Hotel und geht dann mit Wissem los. Er überlegt sich zum Schluss noch, dass er eigentlich jetzt am Ziel angekommen ist, denn er hatte es herausgefunden, den Sinn der ganzen Geschichte erfasst.

K.	Zusammenfassung (Französisch)	Übersetzung (Deutsch)
16	Le chef du tribu, le vieillard patriarche Omr lui accueille. Mais chez les gens plus jeunes là Amine doit constater une agitation bizarre. Quand Wissem fait un nouveau attentat l'état d'Israel réagit avec toute sa dureté: Il fait que toute la village est rasé avec des bulldozers (trucks). Jaafari doit le voir sans pouvoir faire quelque chose et il reçoit pour sa révolte une réaction de sa nièce Faten: „C'est quoi une maison quand on a perdu un pays?" Faten part le matin prochain à Janin pour se préparer sur un attentat avec l'imam Marwan. Jaafari essaye de l'arrêter, mais à Janin il devient victime d'une fusée israélienne devant la mosquée, qui tue beaucoup d'autres personnes, dans le lot aussi l'imam.	Stolz empfängt ihn das Oberhaupt der Sippe, der greise Patriarch Omr, doch bei den jüngeren Sippenmitgliedern muss Amine eine seltsame Unruhe erkennen. Als Wissem ein weiteres Selbstmordattentat begeht, reagiert der Staat Israel mit seiner ganzen Härte: Er lässt das komplette Dorf mit Bulldozern (Bautrucks) dem Erdboden gleichmachen. Jaafari muss ohnmächtig der staatlichen Gewalt zusehen und erhält auf seine Empörung die scheinbar fatalistische Reaktion seiner Nichte Faten: „Was ist schon ein Haus, wenn man ein ganzes Land verloren hat." Eben diese Faten macht sich am nächsten Morgen nach Janin auf, um sich von Imam Marwan auf ein weiteres Selbstmordattentat „einstimmen" zu lassen. Jaafari versucht dies zu verhindern, wird aber in Janin vor der Moschee Opfer einer israelischen Rakete, die neben vielen anderen Muslimen auch den Imam tötet.

Liste de caractères

Charactère	Description
Amine Jaafari	Narrateur du livre, Docteur, Arabe
Sihem	Amines femme, aime la mer, kamikaze
Ezra	Directeur des docteurs
Kim Yehuda	Une collègue de docteur, une grande aide à la situation de Amine (On le remarque avec l'action)
Ilan Ros	Un autre collègue à l'hôpital
Naveed Ronnen	policier, Amine lui connait des temps
Capitain Moshé	Chef des policiers, haut fonctionnaire que Naveed Ronnen
Hanane Sheddad	grand-mère de Sihem
Leila	la soeur de lait d'Amine
Yasser	mari de Leila
Benjamin	frère de Kim
Abbas	neveu d'Amine
Adel	fils de Yasser et Leila
Jamil	frère d'Adel, cousin d'Amine
Khalil	cousin d'Amine
Omr	grand-oncle d'Amine
Wissem	grand-fils d'Omr
Faten	grande-fille d'Omr

BEI GRIN MACHT SICH IHR WISSEN BEZAHLT

- Wir veröffentlichen Ihre Hausarbeit, Bachelor- und Masterarbeit

- Ihr eigenes eBook und Buch - weltweit in allen wichtigen Shops

- Verdienen Sie an jedem Verkauf

Jetzt bei www.GRIN.com hochladen und kostenlos publizieren